ESTAS SON LAS FRASES LOCAS, DIVERTIDAS, SORPRENDENTES, Y SIEMPRE, SIEMPRE GENIALES DE:

FRASE:
QUIÉN:
EDAD:
DÓNDE:
FECHA:

QUIÉN:
EDAD:
DÓNDE:
FECHA:
FRASE:

QUIÉN:
EDAD:
DÓNDE:
FECHA:
FRASE:

FRASE:

QUIÉN:
EDAD:
DÓNDE:
FECHA:

FRASE:

QUIÉN:
EDAD:
DÓNDE:
FECHA:

QUIÉN:
EDAD:
DÓNDE:
FECHA:
FRASE:

QUIÉN:
EDAD:
DÓNDE:
FECHA:
FRASE:

FRASE:

QUIÉN:
EDAD:
DÓNDE:
FECHA:

FRASE:
QUIÉN:
EDAD:
DÓNDE:
FECHA:

QUIÉN:
EDAD:
DÓNDE:
FECHA:
FRASE:

QUIÉN:
EDAD:
DÓNDE:
FECHA:
FRASE:

FRASE:

QUIÉN: _______________________________
EDAD: _______________________________
DÓNDE: _______________________________
FECHA: _______________________________

FRASE:
QUIÉN:
EDAD:
DÓNDE:
FECHA:

QUIÉN:
EDAD:
DÓNDE:
FECHA:
FRASE:

QUIÉN: _______________________
EDAD: _______________________
DÓNDE: _______________________
FECHA: _______________________

FRASE:

FRASE:

QUIÉN: _______________________
EDAD: _______________________
DÓNDE: _______________________
FECHA: _______________________

FRASE:
QUIÉN:
EDAD:
DÓNDE:
FECHA:

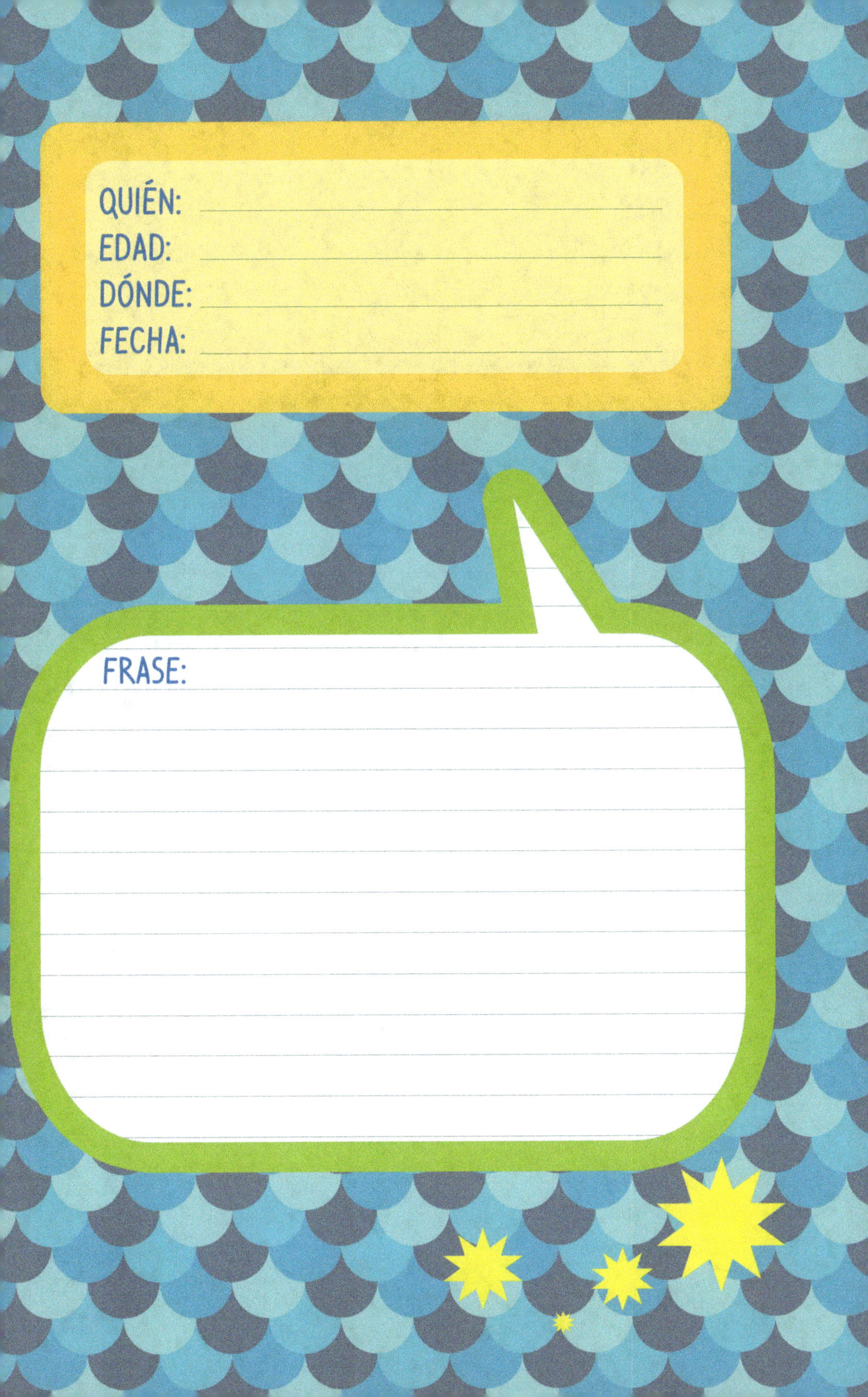

QUIÉN:
EDAD:
DÓNDE:
FECHA:

FRASE:

QUIÉN:
EDAD:
DÓNDE:
FECHA:
FRASE:

FRASE:

QUIÉN: _______________________
EDAD: _______________________
DÓNDE: _______________________
FECHA: _______________________

FRASE:

QUIÉN:
EDAD:
DÓNDE:
FECHA:

QUIÉN:
EDAD:
DÓNDE:
FECHA:
FRASE:

QUIÉN: ___________________________
EDAD: ___________________________
DÓNDE: ___________________________
FECHA: ___________________________

FRASE:

FRASE:

QUIÉN:
EDAD:
DÓNDE:
FECHA:

FRASE:
QUIÉN:
EDAD:
DÓNDE:
FECHA:

QUIÉN:
EDAD:
DÓNDE:
FECHA:
FRASE:

QUIÉN:
EDAD:
DÓNDE:
FECHA:
FRASE:

FRASE:

QUIÉN: _______________________
EDAD: _______________________
DÓNDE: _______________________
FECHA: _______________________

FRASE:
QUIÉN:
EDAD:
DÓNDE:
FECHA:

QUIÉN:
EDAD:
DÓNDE:
FECHA:
FRASE:

QUIÉN: _______________________
EDAD: _______________________
DÓNDE: _______________________
FECHA: _______________________

FRASE:

FRASE:

QUIÉN: _______________________
EDAD: _______________________
DÓNDE: _______________________
FECHA: _______________________

FRASE:
QUIÉN:
EDAD:
DÓNDE:
FECHA:

QUIÉN:
EDAD:
DÓNDE:
FECHA:
FRASE:

QUIÉN:
EDAD:
DÓNDE:
FECHA:
FRASE:

FRASE:

QUIÉN: _______________________
EDAD: _______________________
DÓNDE: _______________________
FECHA: _______________________

FRASE:
QUIÉN:
EDAD:
DÓNDE:
FECHA:

QUIÉN:
EDAD:
DÓNDE:
FECHA:
FRASE:

QUIÉN: _______________________
EDAD: _______________________
DÓNDE: _______________________
FECHA: _______________________

FRASE:

FRASE:

QUIÉN:
EDAD:
DÓNDE:
FECHA:

FRASE:
QUIÉN:
EDAD:
DÓNDE:
FECHA:

QUIÉN:
EDAD:
DÓNDE:
FECHA:
FRASE:

QUIÉN:
EDAD:
DÓNDE:
FECHA:
FRASE:

FRASE:

QUIÉN:
EDAD:
DÓNDE:
FECHA:

FRASE:
QUIÉN:
EDAD:
DÓNDE:
FECHA:

QUIÉN: _______________________
EDAD: _______________________
DÓNDE: _______________________
FECHA: _______________________

FRASE:

QUIÉN:
EDAD:
DÓNDE:
FECHA:

FRASE:

FRASE:

QUIÉN:
EDAD:
DÓNDE:
FECHA:

FRASE:

QUIÉN:
EDAD:
DÓNDE:
FECHA:

QUIÉN:
EDAD:
DÓNDE:
FECHA:
FRASE:

QUIÉN:
EDAD:
DÓNDE:
FECHA:
FRASE:

FRASE:

QUIÉN:
EDAD:
DÓNDE:
FECHA:

FRASE:

QUIÉN:
EDAD:
DÓNDE:
FECHA:

QUIÉN:
EDAD:
DÓNDE:
FECHA:
FRASE:

QUIÉN: ___________________________
EDAD: ___________________________
DÓNDE: ___________________________
FECHA: ___________________________

FRASE:

FRASE:

QUIÉN:
EDAD:
DÓNDE:
FECHA:

FRASE:
QUIÉN:
EDAD:
DÓNDE:
FECHA:

QUIÉN:
EDAD:
DÓNDE:
FECHA:
FRASE: